GÉNÉALOGIE

DE LA

FAMILLE DE LA BAUVE D'ARIFAT

(LANGUEDOC ET ILE MAURICE)

SEIGNEURS D'ARIFAT AU COMTÉ DE CASTRES

D'APRÈS LES DOCUMENTS CONSERVÉS DANS LES DÉPÔTS PUBLICS

Suivie

D'une Notice historique sur cette seigneurie et d'une Table des noms

PAR

THÉODORE COURTAUX

Extraite de L'HISTORIOGRAPHE

(Recueil de Notices historiques sur les familles et de Biographies)

PARIS

CABINET DE L'HISTORIOGRAPHE

Rue d'Amsterdam, 52

M DCCC XCII

GÉNÉALOGIE

DE LA

FAMILLE DE LA BAUVE D'ARIFAT

GÉNÉALOGIE
DE LA
FAMILLE DE LA BAUVE D'ARIFAT

(LANGUEDOC ET ILE MAURICE)

SEIGNEURS D'ARIFAT AU COMTÉ DE CASTRES

D'APRÈS LES DOCUMENTS CONSERVÉS DANS LES DÉPÔTS PUBLICS

Suivie

D'une Notice historique sur cette Seigneurie et d'une Table des noms

PAR

THÉODORE COURTAUX

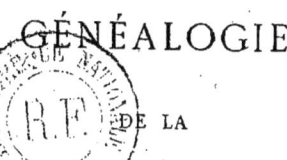

Extraite de L'HISTORIOGRAPHE

(Recueil de Notices historiques sur les familles et de Biographies)

PARIS

CABINET DE L'HISTORIOGRAPHE

Rue d'Amsterdam, 52

—

M DCCC XCII

Je publie cette généalogie avec d'autant plus de plaisir que je suis né à l'île Maurice (ancienne île de France), de parents lorrains, le 2 juillet 1848, et que j'ai fait mes études à l'École de Sorèze, près de Castres, de 1859 à 1866. Nul n'est prophète en son pays; j'espère néanmoins que mes compatriotes et mes anciens condisciples voudront bien, à l'occasion, me demander des travaux pareils à celui-ci.

T. C.

Paris, 11 mai 1892.

DE LA BAUVE D'ARIFAT

SEIGNEURS D'ARIFAT AU COMTÉ DE CASTRES

(LANGUEDOC)

ARMES : *De gueules, au chevron d'or, surmonté de deux besants d'or et accompagné en pointe d'une mâcle de même.* — COURONNE : de comte. (Bibl. Nat., Pièces originales, reg. 225, cote 5083, n° 27.)

La famille de la Bauve d'Arifat, qui réside actuellement à l'île Maurice, a possédé, depuis le XVIe siècle jusqu'à la Révolution, la seigneurie et le manoir féodal d'Arifat, près de la ville de Castres, en Languedoc. Elle a produit un contrôleur général de la maison de Condé, un contrôleur général des guerres en France, un major du régiment de l'Ile de France, un chevalier de la Légion d'honneur et de Saint-Grégoire-le-Grand[1]. Elle a été maintenue dans sa noblesse d'ancienne extraction par jugement souverain de Claude Bazin de Bezons, intendant du roi en Languedoc, du 15 janv. 1671 ; elle présenta à cet effet un abrégé de généalogie, qui nous a été conservé par le marquis Charles de Baschi d'Aubaïs dans ses *Pièces fugitives pour servir à l'histoire de France,* Paris, 1759, in-4°, tome II, page 77, et d'après lequel la filiation de cette famille se trouve établie, d'une façon authentique et non interrompue, à partir de :

I. *Christophe* de la BAUVE, écuyer, reçut, le 6 oct. 1563, ses lettres de commission de contrôleur général de la maison du Prince de Condé, frère d'Antoine de Navarre et oncle de Henri IV. Il avait épousé, le 5 juin 1557, noble demoiselle *Marie* LE CLERC, dont il eut :

II. *Nicolas* de la BAUVE, écuyer, seigneur d'Arifat, contrôleur général des guerres en France, qualifié fils de Christophe dans une sentence du Châtelet de Paris du 14 avril 1580, s'établit, en 1584, en Languedoc, où il acquit le château fort et la seigneurie d'Arifat, dans le comté et près de la ville de Castres. En 1587, devenu receveur du Haut-Languedoc, il fit bâtir à Castres un Jeu de Paume, qui coûta 4,500 livres, et établir le Jeu du Mail, depuis la Porte-Neuve jusqu'au Portail-Neuf. (*Arch. de Castres,* J. J. 8. *Mémoires de Gaches.*)

Il s'allia, le 13 juil. 1589, à *Catherine* de TOULOUSE-LAUTREC-SAINT-GERMIER[2], veuve de François Sabatier de Lombers, de son vivant seigneur d'Arifat, et fille d'An-

---

[1]. Le pays Castrais doit aussi à cette famille la culture du mûrier et l'élevage des vers à soie.
[2]. DE TOULOUSE-LAUTREC : Écartelé : *aux 1 et 4, de gueules, à la croix cléchée et pommetée d'or, aux 12 pointes,* qui est Toulouse; *aux 2 et 3, d'azur au lion d'or,* qui est Lautrec. Les vicomtes de Lautrec ont joint à leur nom

toine de Toulouse-Lautrec, seigneur de Saint-Germier, Le Caylar, Lacalm, etc., et de Germaine de Foix, laquelle était fille de Jean, vicomte de Conserans, et de Constance de Mauléon, et sœur de Jean-Paul de Foix, dernier vicomte de Conserans. (La Chesnaye des Bois, *Dictionnaire de la Noblesse*. Paris, in-4°, 1770-1782, article *Lautrec*.)

De cette alliance vinrent :

> 1° *Jacques*, qui suit ;
>
> 2° *Jean* de la BAUVE, qui fit un accord avec son frère pour les biens de leur père, le 28 janv. 1623.

III. *Jacques* de la BAUVE, écuyer, seigneur d'Arifat et de la Saugerie, obtint, par lettres patentes de Louis XIII du 15 févr. 1620, enregistrées le 10 déc. suivant, confirmation en sa faveur de la cession faite à son père du domaine d'Arifat. Il se trouvait parmi les habitants de Castres qui se réunirent, le 7 juil. 1626, dans la maison consulaire de cette ville et décidèrent que les magistrats et consuls de Castres écriraient au duc de Rohan pour le dissuader de venir à Castres durant le synode des protestants, *et oster par ce moyen les ombrages et deffiances que son approche et venue en icelle* (ville) *y pourroit apporter*. (*Bibl. Nat.*, ms français 20,961, f° 2.)

Jacques de la Bauve fut, avec Jacques de Laroque de Lacalm, Louis du Poncet et François Bouffard de la Garrigue, l'un des quatre commissaires chargés, par lettres royaux, de la répartition des impôts sur les communes du comté de Castres, pour les années 1631 et 1632. (*Arch. du Tarn*. C. 1027.)

---

celui de Toulouse, et à leurs armes celles du Languedoc, parce que l'un d'eux, Guillebert de Lautrec, épousa Indie, fille cadette de Raymond VI, comte de Toulouse.

Il avait épousé, le 20 juin 1631, noble demoiselle *Esther de* Pélissier du Grés [1], dont il laissa :

IV. *Paul* de la Bauve, Ier du nom, écuyer, seigneur d'Arifat, institua, pour héritier de ses biens et titres, son neveu, qui suit :

V. *Paul* de la Bauve, IIe du nom, écuyer, seigneur d'Arifat, fut maintenu dans sa noblesse d'ancienne extraction par jugement de Claude Bazin de Bezons, intendant du roi en Languedoc, du 15 janv. 1671. (Voir page 2.) Ses armoiries sont enregistrées de la façon suivante, qui est inexacte, dans l'*Armorial général officiel de France,* recueil dressé sous Louis XIV, en vertu de l'édit de nov. 1696, par Charles-René d'Hozier, juge d'armes de France : *Paul de Bauve, seigneur d'Auriffat, porte d'azur à un chevron d'or, accompagné en chef de deux besans de même et en pointe d'une lozange aussy d'or.* (Bibl. Nat., Toulouse-Montauban, p. 540, bureau de Castres.) A cette description correspond un blason colorié analogue. (Languedoc, vol. XV [2], p. 1926 [3].) Tels sont approximativement les noms et armes de la famille de la Bauve d'Arifat, et il est évident que cet enregistrement a eu lieu *d'office*, c'est-à-dire à l'insu de la famille et par à peu près. Le nom de la famille de la Bauve d'Arifat est aussi écrit par erreur de la Baume d'Arifat dans le jugement de noblesse du 15 janv. 1671 dont nous parlons plus haut, page 2.

En 1695, Paul de la Bauve d'Arifat, comme chef de famille, était imposé de 20 livres, au quartier de Villougoudou, à Castres. (*Arch. du Tarn.* C. 1027.)

---

1. De Pélissier du Grés : *d'argent, à un chevron brisé de gueules; alias : palé, contrepalé d'argent et d'azur de six pièces.* (Armorial de Toulouse-Montauban, bureau de Castres, p. 711.)

2. Ce volume porte *Paul de la Bauve, seigneur d'Auriffat.*

3. Voir aussi Bibl. Nat., *Pièces originales*, reg. 225, cote 5083, n° 27.

Il fit son testament le 30 mars 1709.

Il avait épousé : 1° noble demoiselle *Suzanne* de LIGO-
NIER [1] ; 2° le 1er juin 1663, noble demoiselle *Marie* d'ISARN [2].
De ce second mariage naquirent :

1° *Jacques*, qui continue la filiation ;

2° *Pierre* de la BAUVE, seigneur d'Aigrefeuille, qui, *pour aller servir le roy*, se fit émanciper par son père, le 11 sept.
1688, en présence de Jean-Etienne de Capriol, sénéchal de la ville et comté de Castres, et de Pierre de Bourdoncle, conseiller du roi et juge pour Sa Majesté en ladite ville et comté. (*Arch. du Tarn.* B. 328.)

3° *Esther* de la BAUVE D'ARIFAT, émancipée par son père, le 24 janv. 1691, en présence dudit de Capriol et de David de la Rivoyre, conseiller du roi et son procureur dans ladite ville et comté. (*Ibidem.* B. 328.)

4° *Suzanne* de la BAUVE D'ARIFAT, née en 1676, fut également émancipée par son père, le 19 août 1691, en présence desdits de Capriol et de la Rivoyre. (*Ibid.* B. 328.)
Elle épousa, en l'église paroissiale de Saint-Hippolyte de Lagriffoul, le 24 nov. 1701, noble *Philémon* de CALVAIRAC [3], sieur de Belvésé, né en 1671, fils de feu noble Gédéon de Calvairac, sieur de la Lande, et de Marie Gautard de Saint-Amans. (*État civil de Castres.*)

---

1. DE LIGONIER : *d'or, à l'ours de sable, armé, lampassé et allumé de gueules.* Famille maintenue dans sa noblesse en 1670. (Baschi d'Aubaïs, III, p. 88 et 89.)
M. Hippolyte-Georges-Édouard Isambert, né à Castres (Tarn), le 23 nov. 1864, s'est pourvu, le 28 juil. 1891, devant le ministre de la justice, garde des sceaux, à l'effet d'être autorisé à ajouter à son nom patronymique le nom patronymique de sa mère, *de Ligonier,* et de s'appeler légalement à l'avenir : *Isambert de Ligonier.*

2. D'ISARN : *d'argent, à une fasce d'azur, accompagnée de trois tourteaux de même, rangés en chef, et d'un croissant aussi d'azur mis en pointe. Écartelé de gueules, à la croix de Toulouse.* (*Armorial de Montpellier-Montauban,* p. 320, bureau de Castres.)

3. DE CALVAIRAC : *d'azur, à un chevron d'or, accompagné de trois pommes de pin de même, deux en chef et une en pointe, et un chef cousu d'azur* (sic)*, chargé de trois étoiles d'or.* (*Armorial de Toulouse-Montauban,* p. 540, bureau de Castres.)

5° *Marie* de la BAUVE D'ARIFAT, qui fut unie, dans la même église, le 5 sept. 1714, à *Jean* PÉLISSON, bourgeois de la Ferrassié, fils de feus Jean Pélisson et de Jeanne de Bouisset. (*Ibid.*)

VI. *Jacques* de la BAUVE, écuyer, seigneur d'Arifat, rendit aveu et dénombrement de ses biens à la Cour des Aides de Montpellier, le 7 août 1722. (*Arch. de Montpellier et Coll. Brémond,* vol. 1263, f° 147.) Il épousa : 1° le 6 févr. 1714, en ladite église, noble demoiselle *Claire* de GAUTARD, fille de David de Gautard et de Grâce de la Rivoyre (*Arch. du Tarn.* B. 152, et *État civil de Castres*); 2° le 11 janv. 1716, dans la même église, noble demoiselle *Honorée* de LIGONIER-SAINT-JEAN, fille de feu noble Jacques de Ligonier-Saint-Jean, secrétaire d'État, et d'Honorée Bouffard de Madiane [1]. (Même État civil.)

Jacques de la Bauve eut de son premier mariage :

VII. *Jean-David* de la BAUVE, écuyer, seigneur d'Arifat, fut aussi seigneur engagiste d'une partie du comté de Castres, comme on le verra plus loin. Il naquit le 28 et fut baptisé le 30 nov. 1714, dans ladite église.

Le 30 mai 1740 et le 24 janv. 1750, il rendit aveu et dénombrement, à la Cour des Aides de Montpellier, des nombreux fiefs qu'il possédait dans les ville et consulat de Castres. Voici les noms de ces fiefs : le domaine d'Arifat avec sa métairie *d'Al Camy,* la Métairie-Neuve, le Bouriou, Clot *sive* Bellecombe, Saint-Hippolyte, Les Digues, à Aigrefeuille, le vignoble de Puechcartier, Les Digues,

---

1. La maison de Bouffard doit estre mise parmy les plus illustres de ceste ville, tant pour les services qu'elle en a receus en la personne de Dominique et Jean de Bouffard, sieurs de la Grange et de la Garrigue, frères, que par le mérite particulier des sieurs de Madiane et de la Garrigue, qui en sont descendus. (Borel, *Antiquités de la ville et comté de Castres.* Castres, 1649, t. II, p. 23.)

à Puechmelou, Rotolph-Haut, Puechtalossel, Lapique, Puechdurand, Le Mazel, La Tuilerie-Neuve, La Tuilerie du Pesquié, le vignoble de Puechnaudaine. (*Arch. de Montpellier, Coll. Brémond*, vol. 1263, f° 147, et *Arch. du Tarn*, E. 230.)

En 1754, avec MM. de Roux, ancien capitoul, de Lastours et de Combeguille, il fut nommé commissaire pour la réception des travaux de construction, à Castres, de l'église de Laplaté, dont les plans avaient été approuvés en 1741. (*Arch. de Castres*. B. B. 29.)

La même année, il eut un procès contre une demoiselle Marie de Chazalon et le sieur de Falc de Puechbertou, au sujet des directes de certaines terres comprises dans le fief de sa seigneurie. (*Ibid.* J. J. 3.)

En 1755, une société se forma sous l'inspiration de Jean-David de la Bauve, en vue de la réglementation de la filature et de la teinture des soies, de la création de moulins et de l'établissement d'une pépinière royale pour la culture du mûrier. Jean-David de la Bauve établit, sur son domaine d'Arifat, près de l'église Saint-Hippolyte de Lagriffoul, une pépinière de 30,000 mûriers. Une indemnité de 1,200 livres lui fut alors accordée par la ville de Castres. Son entreprise réussit complètement, et, vers 1757, il livra 8,000 mûriers au diocèse de Castres, au prix de cinq sous chaque pied, pour être plantés sur les routes de Castres à Guitalens et à Saïx[1]. (*Arch. de Castres*. H. H. 7. *Industrie et commerce*[2].)

---

[1]. J'ai souvent admiré, dans mes promenades aux environs de l'École de Sorèze, les beaux mûriers du pays Castrais, et mon rêve est d'aller finir mes jours dans cet admirable pays, auprès de mes bons amis et anciens condisciples, MM. de Perrin et Reich de Laval, pour y compléter les nombreux documents que j'ai recueillis sur l'antique abbaye de Sorèze, et que je compte bien publier un jour, si la Providence me le permet. Mme la comtesse de Perrin, née David de Beauregard, a été une seconde mère pour moi à Sorèze. Qu'elle reçoive ici l'expression émue de ma gratitude et de mon profond respect.

[2]. M. Estadieu, archiviste communal actuel de la ville de Castres, a publié,

Le 28 mars 1775, Jean-David de la Bauve obtint, sur sa requête, un arrêt du Conseil d'État, par lequel il fut confirmé, en tant que besoin, dans la cession qui lui avait été faite, par acte du 8 janv. 1763, de la partie de la seigneurie du consulat de Castres située au levant et au midi de la rivière d'Agout et au septentrion de celle du Tauré, joignant à celle d'Agout. Cet arrêt ordonne que Jean-David de la Bauve d'Arifat continuera à jouir de ladite portion de seigneurie, de même que Sa Majesté aurait droit d'en jouir, à la seule réserve des lods et ventes et autres droits seigneuriaux casuels, qui continueront à être perçus au profit de Sa Majesté, sans que Jean-David de la Bauve ou ses représentants puissent en être dépossédés avant le 1er janv. 1786. Par cet arrêt, le suppliant[1] fut aussi autorisé à rentrer dans les censives et autres droits dépendans de ladite portion de seigneurie, abandonnés par les précédents engagistes, en remplissant toutefois les conditions portées à cet égard par ledit acte du 8 janv. 1763, le tout à la charge par le suppliant de continuer à payer, suivant ses offres, la rente de dix livres, et de satisfaire aux autres conditions dont il est tenu à cause de l'engagement de ladite portion de seigneurie, et en outre de faire procéder, à ses frais, sans aucune répétition contre Sa Majesté, à la confection du terrier de ladite portion de seigneurie, de l'autorité du bureau des Finances de Toulouse. (*Arch. Nationales,* carton Q¹ 1556-1557.)

Par arrêt du Conseil d'État du 6 août 1776 et par lettres

---

en 1881, à Castres, un précieux *Inventaire-Sommaire,* in-4º des archives de cette ville. On lui doit aussi : *Notes chronologiques et statistiques pour servir à l'histoire de la ville de Castres.* Castres, 1883, in-8º, 312 pages ; et il fait imprimer en ce moment : *Annales de la ville de Castres de 509 à 1891,* petit in-4º d'environ 400 pages.

1. On appelait autrefois *suppliant* l'auteur d'une *requête* ou *supplique* présentée au roi ou à quelque haut fonctionnaire. Ces requêtes commençaient toujours ainsi : *Supplie humblement* un tel.

patentes du 24 nov. suivant, en conséquence d'une requête qu'il avait adressée au Roi, le 3 juil. de la même année, Jean-David de la Bauve, écuyer, seigneur d'Arifat, demeurant à Castres, fut autorisé à prendre à bail, pendant huit années, les domaines royaux de Boissezon, d'Augmontel et de Labruguière, à la charge de renouveler à ses frais le terrier desdits domaines. (*Ibid.*, même carton, E. 1528 et O¹ 178, n° 162.)

Jean-David de la Bauve d'Arifat fut inhumé à Castres, dans la paroisse Notre-Dame de Laplaté, le 19 oct. 1782.

Il avait épousé, le 27 nov. 1734, dans l'église paroissiale de Saint-Hippolyte de Lagriffoul, noble demoiselle *Marguerite* d'ALQUIER DU MÉZERAC, fille du marquis d'Alquier du Mézerac et de Marie Cavaillès. (*État civil de Castres.*) Marguerite d'Alquier était née vers 1706 ; elle décéda, le 13 août 1789, à l'âge d'environ quatre-vingt-trois ans, au château d'Arifat ; c'est-à-dire que la famille de la Bauve possédait encore la seigneurie d'Arifat à l'époque de la Révolution. Ses représentants se trouvèrent en conséquence parmi les gentilshommes de la sénéchaussée de Castres qui se réunirent dans cette ville, le 17 mars 1789, pour nommer des députés aux États-Généraux. (*Arch. Nat.* B. III 42, p. 59-75.)

Jean-David de la Bauve d'Arifat eut de son mariage deux enfants :

1° *Marc-Antoine*, qui suit ;

2° *Marguerite* de la BAUVE D'ARIFAT, née au château d'Arifat, le 23 mai 1741, et baptisée le lendemain. (*État civil de Castres.*)

VIII. *Marc-Antoine* de la Bauve d'Arifat, écuyer, seigneur d'Arifat, major du régiment de l'Ile de France, épousa noble demoiselle de Ribes, dont il eut :

1° *Paul-David* de la Bauve d'Arifat, négociant à l'île de France, possédait dans cette île, en 1780, une si puissante maison de commerce qu'elle put armer, à ses frais, deux corsaires, le *Salomon*, capitaine Dubignon, et la *Sainte-Anne*, capitaine Chaudeuil. Ces deux vaisseaux, partis de Port-Louis (île de France) le 23 août 1780, s'emparèrent, le 5 oct. suivant, en vue de Cochin, du navire anglais, le *Marchand de Bombay*, revenant de Bassorah, d'une valeur de 1,500,000 livres [1].

Paul-David de la Bauve d'Arifat épousa, le 20 oct. 1811, mademoiselle *Delphine* Périchon.

2° *Marc-André*, qui suit;

3° *Pierre-André-Aristide* de la Bauve d'Arifat, mort le 6 janv. 1833;

4° *Marc* de la Bauve d'Arifat.

IX. *Marc-André* de la Bauve d'Arifat épousa mademoiselle de Ravel [2], dont il eut :

1° *Thomy* de la Bauve d'Arifat, docteur en médecine de la Faculté de Paris, chevalier de la Légion d'honneur et de Saint-Grégoire-le-Grand, né à l'île Maurice, le 21 juil. 1817;

2° *Charles*, qui suit;

3° *Constant* de la Bauve d'Arifat.

---

1. J'emprunte ce renseignement à la page 266 du bel ouvrage de M. Adrien d'Épinay, intitulé : *Renseignements pour servir à l'histoire de l'Ile de France jusqu'à l'année 1810 inclusivement, précédés de notes sur la découverte de l'île*, etc. Ile Maurice, 1890, grand in-8° de 577 pages, avec une excellente table onomastique de xxii pages. M. Adrien d'Épinay est le frère aîné de M. Prosper d'Épinay, chevalier de la Légion d'honneur et statuaire d'un grand talent. Les deux frères sont nés, l'un à l'île Bourbon, l'autre à l'île Maurice. Pour plus de détails sur cette famille, voir Borel d'Hauterive, *Annuaire de la Noblesse de France*, année 1888, p. 128.

2. De Ravel : *de sinople, à deux chevrons d'argent, accompagnés en chef de deux besants du même ; au chef d'or, chargé d'une étoile de gueules*. Cette famille a possédé, en Provence, la baronnie d'Esclapon ainsi que les seigneuries de la Napoule et du Bourguet. J.-B. de Ravel, conseiller secrétaire du Roi à Aix, fut élu deux fois, en 1695 et 1705, syndic d'épée du corps de la noblesse de Provence.

X. *Charles* de la Bauve d'Arifat, né à l'île Maurice, a épousé *Marie* Kœnig, dont il a eu :

1º *Joseph* de la Bauve d'Arifat ;
2º *Louis* de la Bauve d'Arifat.

N. B. — Le nom de cette famille s'écrit actuellement de Labauve d'Arifat.

NOTICE

SUR LA SEIGNEURIE ET LE CHATEAU D'ARIFAT

Le fief-seigneurie d'Arifat, placé dans la mouvance du comté de Castres, dont il était une dépendance [1], relevait à foi et hommage et dénombrement des comtes de Castres, et portait autrefois le nom d'Agriffoul, d'où le nom plus moderne d'Aigrefeuille. Il releva plus tard directement des rois de France, aux mêmes charges, à partir de 1519, date à laquelle le comté de Castres fut réuni à la couronne par arrêt du Parlement de Paris.

Bernard de Soubiran, seigneur d'Arifat, dans la famille duquel ce domaine était depuis longtemps, en rendit foi et hommage, le 24 nov. 1425, à Jacques de Bourbon, roi de Hongrie, de Jérusalem, de Sicile et de Naples, comte de la Marche, de Castres et de Piémont.

Le domaine d'Arifat passa ensuite dans la famille de Génibrouse [2].

Jacques de Génibrouse en rendit foi et hommage, le 31 oct. 1470, et en bailla le dénombrement, le 15 févr. 1475, à Jacques d'Armagnac, duc de Nemours, comte de

---

[1]. Voir Borel, *Antiquités* déjà citées, t. II, p. 61, et Defos, *Traicté du comté de Castres.* Tolose, 1633, in-4°, p. 60.

[2]. Noble et très ancienne maison du pays Castrais, éteinte en 1891. ARMES : *de gueules, à trois fasces ondées d'or.*

Sarlat, de Murat, de Saint-Florentin, de la Marche et *de Castres*.

Par acte du 10 mai 1580, Sébastien de Génibrouse, seigneur de Saint-Amans et d'Arifat, et Guillaume son fils, vendirent la seigneurie d'Arifat, avec droit de justice, haute, moyenne et basse, à François Sabatier de Lombers[1]. Celui-ci, qui avait été conseiller du Roi et trésorier de son épargne à Paris, en 1575 et 1577, fut décapité à Toulouse pour crime de haute trahison. Tous ses biens meubles et immeubles, confisqués par arrêt de la Chambre de justice de Languedoc du 7 déc. 1583, furent donnés, par lettres royaux expédiées à Saint-Germain-en-Laye (janv. 1584), à Jacques d'Amboise, seigneur et baron de Graulhet, et à Julien d'Albène[2], chevalier de l'Ordre de Saint-Maurice de Savoie, en considération de leurs services. (*Bibl. Nat. Pièces originales*, reg. 50, n° 385, original sur parch.; et *Arch. de Castres*, B. B. 32.)

Catherine de Lautrec-Saint-Germier, veuve de Sabatier de Lombers, conserva cependant son douaire, et Nicolas de la Bauve, qui possédait d'assez fortes créances sur les biens du défunt, en épousant la veuve de ce dernier, entra en possession du domaine d'Arifat et de tous les droits féodaux qui y étaient attachés. (Voir pages 2 et 3.)

Le château d'Arifat est situé sur une éminence qui domine les coteaux voisins. Il se terminait par une plate-forme destinée à recevoir des pièces d'artillerie. Le côté sud-est était appuyé par une construction fortifiée.

Le 28 nov. 1577, les consuls de Castres, ayant appris

---

1. En 1770, Jean-David de la Bauve d'Arifat fit signifier à la communauté de Castres un extrait de cet acte de vente, ainsi qu'une déclaration faite en sa faveur par M. de Lespinasse de sa maison située dans ladite ville, pour servir de palais à la sénéchaussée et maîtrise des eaux et forêts de Castres, dont il poursuivait l'échange auprès du Roi. (*Arch. de Castres.* B. B. 32.)

2. En 1574, Catherine de Médicis avait envoyé Julien d'Albène en Pologne pour presser le retour de Henri III, son fils.

que les Espagnols avaient établi leur camp dans les faubourgs de Carcassonne, en face de la Cité, députèrent Bernard Borjade vers noble Sébastien de Génibrouse, à l'effet de lui emprunter l'artillerie de son château d'Arifat pour la défense de la ville de Castres. Cette artillerie, qui était placée dans la partie la plus élevée du château, se composait d'une grosse pièce courte, de deux pièces moyennes et de deux petites pièces à croc, toutes en fer; elles furent transférées à la maison consulaire de Castres par le bordier [1] d'Arifat. (*Arch. de Castres.* B. B. 36.)

Il ne reste plus de l'ancien domaine d'Arifat qu'une ferme ou métairie d'une importance ordinaire (24 hectares 3 ares 70 centiares de contenance). Le château a été fort négligé depuis la Révolution; il est cependant d'un aspect encore assez imposant. La ferme [2] est adossée au château, devant lequel se trouve une terrasse d'une certaine étendue, qui est côtoyée, en contre-bas, par un jardin potager; le côté nord est entouré de prairies. Je dois cette description de l'état actuel du château d'Arifat à l'obligeance de M. Estadieu.

---

[1]. Fermier.
[2]. Cette ferme ou métairie s'appelait autrefois *d'Al Camy*. (*Arch. de Castres.* C. C. 34.)

TABLE DES NOMS DE FAMILLES

ET DE LOCALITÉS

LES NOMS DES LOCALITÉS SONT EN ITALIQUES

Agriffoul, 13.
Aigrefeuille, 5, 6, 13.
Aix, 10.
Albène (d'), 14.
Al' Camy (d'), 6, 15.
Alquier du Mézerac, 9.
Amboise (d'), 14.
Armagnac (d'), 13.
Aubaïs, 2.
Augmontel, 9.
Baschi d'Aubaïs, 2.
Bazin de Bezons, 2, 4.
Bellecombe, 6.
Belvésé, 5.
Bezons, 2.
Bignon (du), 10.
Boissezon, 9.
Borel, 13.
Borel d'Hauterive, 10.
Borjade, 15.
Bouffard, 3, 6.
Bouisset (de), 6.
Bourbon (de), 13.
Bourdoncle (de), 5.
Bourguet (Le), 10.
Bouriou (Le), 6.
Calvairac (de), 5.
Capriol (de), 5.
Carcassonne, 15.
Castres (comté de), 13.

Cavaillès, 9.
Caylar (Le), 3.
Chaudeuil, 10.
Chazalon (de), 7.
Clerc (Le), 2.
Clot, 6.
Combeguille (de), 7.
Conserans, 3.
Defos, 13.
Digues (Les), 6.
Epinay (d'), 10.
Esclapon, 10.
Estadieu, 7, 8, 15.
Falc (de), 7.
Foix (de), 3.
Garrigue (La), 3, 6.
Gautard (de), 5, 6.
Génibrouse (de), 13, 15.
Grange (La), 6.
Graulhet, 14.
Grés (du). Voir Pélissier.
Guitalens, 7.
Hauterive, 10.
Henri III, 14.
Hozier (d'), 4.
Isambert, 5.
Isarn (d'), 5.
Kœnig, 11.
Labruguière, 9.
Lacalm, 3.

Lande (La), 5.
Lapique, 7.
Laplaté (*église de*), 7.
Lastours (de), 7.
Lautrec (de), 2, 3, 14.
Laval (de). Voir Reich.
Lespinasse (de), 14.
Ligonier (de), 5, 6.
Lombers, 2, 14.
Madiane, 6.
Mauléon (de), 3.
Mazel (*Le*), 7.
Médicis (Catherine de), 14.
Métairie-Neuve (La), 6.
Mézerac (Le), 9.
Napoule (La), 10.
Pélissier du Grés, 4.
Pélisson, 6.
Périchon, 10.
Perrin (de), 7.
Puechbertou[1], 7.
Puechcartier, 6.
Puechdurand, 7.

Puechmelou, 7.
Puechnaudaine, 7.
Puechtalossel, 7.
Ravel (de), 10.
Reich de Laval, 7.
Ribes (de), 9.
Rivoyre (de la), 5, 6.
Rohan (de), 3.
Roque (de la), 3.
Rotolph-Haut, 7.
Roux (de), 7.
Sabatier (de), 2, 14.
Saint-Amans, 14.
Saint-Germier, 3.
Saint-Hippolyte, 6.
Saint-Jean, 6.
Saïx, 7.
Sorèze (École de), 7.
Soubiran (de), 13.
Toulouse (de), 2.
Toulouse, 8, 14.
Tuilerie-Neuve (La), 7.
Tuilerie du Pesquié (La), 7.

---

1. *Puech*, en patois languedocien, signifie puits.

A PARIS

DES PRESSES DE D. JOUAUST

Rue de Lille, 7

DU MÊME AUTEUR :

GÉNÉALOGIE de la famille de CORBIER, seigneurs de SAINT-PARDOUX-CORBIER (Corrèze) et barons de PONTARION (Creuse), 1072-1887.

HISTOIRE GÉNÉALOGIQUE de la maison de l'ESPE-RONNIERE (Anjou, Poitou, Bretagne et Maine), illustrée et accompagnée d'une table de 2,000 noms de familles et de localités (1158-1889).

SONNETS FRANC-COMTOIS inédits du commencement du XVIIe siècle, avec une introduction historique et une table des noms.

Au *Cabinet de l'Historiographe*.

www.ingramcontent.com/pod-product-compliance
Lightning Source LLC
Chambersburg PA
CBHW060716050426
42451CB00010B/1472